Collection
PROFIL PRATI
dirigée par G
Série
PROFIL
sous la directic
et Adeline Lesc

LE VOCABULAIRE

- **ENRICHIR SON VOCABULAIRE**
- **ÉVITER LES CONFUSIONS**
- **CHOISIR LE MOT JUSTE**

100 EXERCICES AVEC CORRIGÉS

SABRINELLE BÉDRANE
agrégée de lettres

SOMMAIRE

Les équivalents

1. Les équivalents du verbe *faire* (1) 6
2. Les équivalents du verbe *faire* (2) 8
3. Les équivalents du verbe *mettre*.. 10
4. Les équivalents du verbe *parler* 11
5. Les équivalents du verbe *avoir*.. 12
6. Les équivalents du verbe *dire* 13
7. Les équivalents de l'expression *il y a*............................... 14
8. Les équivalents du mot *chose* 15
9. Les équivalents du mot *problème*...................................... 16
10. Les équivalents de la locution *au niveau de* 17

Les racines

11. Les racines : *auto et mono* 19
12. Les racines : *chron et graph* 20
13. Les racines : *poly et télé*.. 21
14. Les racines : *phil et phob*... 22

Les préfixes

15. Les préfixes : *bi et re* 23
16. Les préfixes : *rétro et péri* 25
17. Les préfixes : *pré et post*.. 26

Les homonymes

18. Les homonymes : *censé et sensé* 28
19. Les homonymes : *pause et pose* 29

ISBN : 978-2-218-72093-5

20. Les homonymes : *repaire et repère* 30
21. Les homonymes : *raisonner et résonner* 31
22. Les homonymes : *faire partie, prendre parti et tirer parti* ... 32
23. Les homonymes : *prêt à et près de* 34

Employer correctement

24. Employer correctement : *analogue et identique* 35
25. Employer correctement : *moral et mental* 36
26. Employer correctement : *original et originel* 37
27. Employer correctement : *partial et partiel* 38
28. Employer correctement : *sécurité et sûreté* 39
29. Employer correctement : *excessivement et extrêmement* 40
30. Employer correctement : *soi-disant et prétendu.* 41
31. Employer correctement : *à cause de et grâce à, risquer de et avoir des chances de* 42

Ne pas confondre

32. Ne pas confondre : *compréhension, compréhensible, compréhensif* 44
33. Ne pas confondre : *croyant, croyable, crédible, crédule* 46
34. Ne pas confondre : *désintérêt, inintéressant, désintéressé, désintéressement* 48
35. Ne pas confondre : *égalité, égalitaire, égaler, égaliser* 50
36. Ne pas confondre : *intègre, intégrité, intégrer, intégration, intégrisme, intégral.* 52
37. Ne pas confondre : *justesse, justice, judiciaire, juridique, judicieux* 54
38. Ne pas confondre : *liberté, libération, libéralisme, libertaire, libertin* 56
39. Ne pas confondre : *légal, législatif, légitime, loyal* 58
40. Ne pas confondre : *national, nationalisation, nationalisme, nationalité* 60

41. Ne pas confondre : *personne, personnel, personnaliser, personnalité, personnifier* 62

42. Ne pas confondre : *simulation, simulacre, dissimulation, stimulation, émulation* 64

43. Ne pas confondre : *vulgaire, vulgarité, vulgariser, vulgarisation* 66

CORRIGÉS DES EXERCICES 69

INDEX. 75

1 LES ÉQUIVALENTS DU VERBE FAIRE (1)

*« **Faire** des meubles », « **faire** une loi », « **faire** du tennis »...*

Dans chacune de ces expressions, le verbe **faire**, de sens très général, n'est certainement pas le plus approprié. Pour mieux s'exprimer, il est nécessaire de **remplacer** le verbe **faire** par un **équivalent plus riche et plus précis.**

• Voici quelques **équivalents** possibles selon le contexte :

- causer - commettre - composer - confectionnner
- construire - créer - effectuer - émettre
- entreprendre - étudier - exécuter - fabriquer
- façonner - former - jouer - mesurer - parcourir
- produire - réaliser...

EXERCICES

1 *Remplacez le verbe **faire** par un équivalent. Écrivez votre réponse à droite.*

— *Il **fait** vieux pour son âge. →* ***paraît***

1. Le menuiser ***fait*** des meubles depuis dix ans. ....
2. C'est lui qui a ***fait*** ce gâteau pour le dîner. ....
3. Les députés ***font*** une loi pour interdire le travail des enfants. ....
4. Par souci de rentabilité, cet agriculteur ne ***fait*** que du blé. ....
5. Vous avez ***fait*** une grave erreur ....

2 *Même exercice.*

1. Nous n'avons ***fait*** que cent kilomètres en trois heures. ....
2. L'été dernier, il a ***fait*** l'Afrique. ....
3. Ce mur ***fait*** au moins trois mètres. ....
4. Ce musicien ***fait*** des œuvres magnifiques. ....
5. Cette troupe de théâtre ***fait*** un nouveau spectacle. ....
6. Il a ***fait*** sa maison tout seul. ....

3 *Même exercice.*

1. Sa nouvelle voiture lui a ***fait*** des ennuis. ....
2. Il faudra ***faire*** une liste des participants. ....
3. Il ***fait*** un métier qui le passionne. ....
4. Le TGV ***fait*** le trajet entre Paris et Lyon en deux heures. ....
5. Le directeur ***fit*** un discours qu'on applaudit longtemps. ....

2 LES ÉQUIVALENTS DU VERBE FAIRE (2)

Voici quelques **équivalents**

- du verbe **faire** suivi d'un **infinitif** :

faire cesser → ***interrompre***;
faire durer → ***prolonger***;
faire paraître → ***publier***;
faire penser à → ***évoquer, rappeler***;
faire savoir → ***informer***;
faire voir → ***montrer***.

- du verbe **faire** suivi d'un **complément d'objet direct** :

faire des études → ***étudier***;
faire du mal → ***blesser, peiner***;
faire peur → ***effrayer***;
faire des progrès → ***progresser***;
faire des projets → ***projeter***;
faire des reproches → ***reprocher***;
se faire du souci → ***s'inquiéter***;
faire des voyages → ***voyager***.

EXERCICES

4 *Remplacez la locution verbale soulignée par un verbe.*

— *Le directeur m'a* **fait venir** *à dix heures.* → ***convoqué***

1. Elle me ***fait penser*** à ma mère. ....
2. Il lui a ***fait voir*** l'itinéraire sur la carte. ....
3. ***Faites-leur savoir*** que je les attends. ....
4. Il ***fait durer*** son congé une semaine de plus. ....
5. Cet auteur ***fait sentir*** la tristesse de son personnage. ....

6. Durant sa maladie, elle s'est ***fait beaucoup de souci.*** ....

---

5 *Remplacez le groupe **faire** suivi d'un COD par un verbe.*

— *Cet individu se plait* **à faire du mal** *aux autres. →* ***nuire***

1. Elle passe son temps ***à faire de la cuisine***. ....
2. Nombreux sont ceux qui ***font leurs études*** à l'université. ....
3. Cesse de ***faire des grimaces*** ! ....
4. Les films d'épouvante ***font peur*** aux enfants. ....
5. Nous espérons ***faire un voyage*** aux États-Unis. ....
6. On doit ***faire l'effort*** d'écouter. ....

---

6 *Même exercice.*

1. Ils profitairent de leur retraite pour ***faire des promenades***. ....
2. On ***lui a fait des compliments*** sur son écriture. ....
3. Ils ont ***fait le projet*** de se retrouver au Mont- Saint-Michel. ....
4. On doit s'habituer à ***faire son travail*** en temps limité. ....
5. Un stage de tennis lui permettrait de ***faire des progrès*** ....

3 LES ÉQUIVALENTS DU VERBE METTRE

- Voici quelques **équivalents** du verbe **mettre** :
enfiler - enfoncer - glisser - inscrire - installer introduire - placer - poser - poster - ranger

- Voici quelques **équivalents** pour des expressions où le verbe **mettre** est employé :
*mettre en cause → **accuser**; mettre en confiance → **rassurer**; mettre à l'écart → **écarter, rejeter**; mettre à mort → **tuer**; mettre sur pied → **organiser**; mettre en place → **ranger, placer.***

EXERCICES

7 *Remplacez le verbe **mettre** par un équivalent.*

— *Interdiction de* **mettre** *des affiches sur ce mur ! →* ***coller***

1. Le temps de ***mettre*** un pull-over et j'arrive ! ....
2. Il faut ***mettre*** le subjonctif après « bien que ». ....
3. Ils sont venus ***mettre*** le chauffage électrique. ....
4. Voulez-vous **mettre** votre nom sur la liste ? ....

8 *Remplacez les expressions soulignées par un verbe.*

— *Les êtres différents sont parfois* **mis à l'écart**. *→* ***rejetés***

1. Quand tout fut ***mis en place***, elle contempla la pièce. ....
2. ***Mettre ensemble*** les pièces d'un meuble est souvent long. ....
3. Il faut des preuves lorsque l'on ***met*** quelqu'un ***en cause.*** ....
4. Veux-tu m'aider à ***mettre sur pied*** la randonnée ? ....

4 Les équivalents du verbe parler

Voici quelques **équivalents** du verbe **parler** à utiliser en **accord avec la nuance à exprimer :**

- *Parler fort →* ***crier, hurler, vociférer.***
- *Parler bas →* ***murmurer, chuchoter, sussurer.***
- *Parler d'une manière confuse →* ***bredouiller, bafouiller, marmonner, grommeler.***
- *Parler avec quelqu'un →* ***converser, dialoguer, s'entretenir, discuter.***
- *Parler seul →* ***monologuer, soliloquer.***

Exercices

9 *À l'aide d'une flèche, reliez chacune des définitions au verbe qui lui correspond.*

— ***Parler à voix basse → Murmurer***

1.	Parler d'une manière précipitée, peu distincte.	**discourir**
2.	Parler entre ses dents, confusément.	**vociférer**
3.	Parler longuement et avec éloquence.	**marmonner**
4.	Parler beaucoup	**soliloquer**
5.	Parler tout seul.	**bredouiller**
6.	Parler fort, avec violence.	**bavarder**

10 *Même exercice.*

1.	Parler timidement, en articulant mal.	**pérorer**
2.	Parler avec son voisin	**baragouiner**
3.	Parler avec emphase et prétention.	**converser**
4.	Parler une langue incorrecte, inintelligible.	**balbutier**
5.	Parler en faveur de quelqu'un.	**radoter**
6.	Parler en se répétant.	**plaider**

5 LES ÉQUIVALENTS DU VERBE AVOIR

« ***Avoir*** *des difficultés* », « ***avoir*** *des conséquences* », « ***avoir*** *une maison* » ...
Dans chacune de ces expressions figure le verbe **avoir.** Pour mieux s'exprimer, on peut **remplacer ce verbe**, de sens très général, **par un verbe de sens plus précis.**

• Voici quelques **équivalents** du verbe **avoir** à utiliser **selon le contexte :** *comporter-compter-entraîner-éprouver-obtenir-porter- posséder-poursuivre-recevoir-remporter- rencontrer-ressentir.*

EXERCICES

11 *Remplacez le verbe* ***avoir*** *par un équivalent plus précis. Écrivez votre réponse à droite.*

— **Avez-vous** *un idéal ?* → ***Poursuivez-vous***

1. Nous ***avons*** une maison en Corse. ....
2. Ce lycée ***a*** une excellente réputation. ....
3. ***J'ai*** un sentiment de honte. ....
4. Qui ***n'a*** pas certains buts dans la vie ? ....
5. Ce livre ***aura*** plusieurs chapitres. ....

12 *Même exercice*

1. On ***n'a*** pas facilement cette autorisaton. ....
2. ***J'ai*** enfin une réponse à ma lettre. ....
3. Certains enfants ***ont*** des difficultés dans leur travail. ....
4. Elle ***a*** un rôle important dans cette affaire. ....
5. Une telle négligence peut ***avoir*** de graves conséquences. ....

6 LES ÉQUIVALENTS DU VERBE DIRE

« ***Dire*** *un secret* » **peut signifier** « ***confier*** *un secret* » **mais aussi** « ***dévoiler*** *un secret, le* ***répéter*** ». Le verbe **dire** est donc **trop vague** et **trop souvent employé.**

• Voici quelques **équivalents** du verbe **dire** qui **ont un sens plus précis** :
affirmer - annoncer - assurer - avouer - confier- dévoiler - donner - expliquer - exposer - indiquer objecter - prétendre - prononcer - raconter - soutenir.

EXERCICES

13 *Remplacez le verbe* ***dire*** *par un équivalent de sens plus précis.*

— *Il serait bon de* **dire** *tes chagrins à un ami.* → ***confier***

1. Pouvez-vous me ***dire*** où se trouve cette rue ? ....
2. Il finit par ***dire*** qu'il l'avait fait exprès. ....
3. Le témoin a ***dit*** que l'homme portait un chapeau. ....
4. Qu'avez-vous à ***dire*** à cela ? ....
5. Elle ***dit*** ses malheurs à qui veut l'entendre. ....

14 *Même exercice*

1. Peux-tu me ***dire*** pourquoi tu es si contrarié ? ....
2. Le maire a ensuite ***dit*** un discours émouvant. ....
3. ***Dites***-nous donc votre avis ! ....
4. Vous avez beau ***dire***, cette décision sera appliquée. ....

7 LES ÉQUIVALENTS DE L'EXPRESSION IL Y A

Voici quelques **équivalents** de l'expression **il y a** à utiliser **en accord avec le contexte :**

• pour **décrire une situation** : *se cache, se dresse, se tient, se trouve,*

• pour **rendre une perception :** *on devine, on remarque, on ressent, on voit*

• pour **exprimer un état** : ***il y a** du soleil → le soleil **brille**; **il y a** du feu → le feu **brûle**; **il y a** un fleuve → le fleuve **coule** ...*

EXERCICES

15 *Remplacez l'expression **il y a** par un verbe plus précis.*

— **Il y a** *plusieurs solutions à ce problème.*
Ce problème ***admet*** plusieurs solutions.

1. ***Il y a*** de nombreuses erreurs dans cette page.
   Cette page.............................de nombreuses erreurs.
2. Dans le ciel, ***il y a*** des étoiles.
   Des étoiles.............................dans le ciel.
3. ***Il y a*** des papiers sur le sol.
   Des papiers............................le sol.

16 *Même exercice*

1. En face, ***il y a*** une tour à l'abandon.
   En face.........................une tour à l'abandon.
2. ***Il y a*** beaucoup de suspense dans ce film.
   Le suspense..........................dans ce film.
3. Derrière son apparente culture, ***il y a*** de la bêtise.
   Derrière son apparente culture ....de la bêtise.

8 Les équivalents du mot chose

Voici quelques **équivalents** du mot **chose** à utiliser en **accord avec le contexte :**

- pour **désigner un objet :** *instrument, outil, ustensile, ingrédient.*
- pour **désigner le produit** ou le résultat d'une action : *acte, geste, parole, œuvre.*
- pour **exprimer un jugement** (variable selon le contexte) : *qualité, défaut, succès, échec.*
- pour **désigner ce qui survient** : *événement, incident, fait, affaire.*

Exercices

17 *Remplacez le mot **chose** par un terme plus précis.*

— *La patience est une* **chose** *utile aux parents.* → ***qualité***

1. Cette tragédie est une ***chose*** bouleversante. ....
2. J'ai acheté les ***choses*** nécessaires pour préparer ce gâteau. ....
3. La ***chose*** que je crains le plus, c'est la maladie. ....
4. Examine les ***choses*** avant de porter un jugement. ....

18 *Même exercice*

1. Rassemble les ***choses*** nécessaires pour travailler le bois. ....
2. Il lui dit des ***choses*** désobligeantes. ....
3. Que tu viennes ou non , c'est une ***chose*** qui m'indiffère. ....

9 LES ÉQUIVALENTS DU MOT PROBLÈME

Le mot **problème** est vague et trop souvent utilisé. Il est nécessaire de le **remplacer** par un **terme plus précis.**

• Un **problème** peut être : *un sujet, une question, un thème, une affaire.*

• Il peut **aussi désigner** entre autres :
– *des difficultés, des obstacles, des empêchements,*
– *un défaut, des risques, des inconvénients,*
– *des ennuis, des préoccupations, des soucis, une contrariété, un embarras, une gêne.*

EXERCICES

19 *Remplacez le mot **problème** par un terme plus précis.*

— *le **problème** traité dans ce livre est celui de la condition humaine.* → ***sujet***

1. Le ***problème*** abordé dans ce texte est celui de la violence. ....
2. C'est son ***problème*** ! ....
3. Des ***problèmes*** ont eu lieu à la suite de son opération . ...
4. Reste maintenant à examiner un dernier ***problème.*** ....

20 *Même exercice*

1. Le ***problème*** de ce professeur c'est son tic de langage. ....
2. Les ***problèmes*** dus à la pollution sont parfois inquiétants. ....
3. Tu as l'air contrarié. Aurais-tu des ***problèmes*** ? ....
4. S'il n'est pas venu, c'est qu'il a eu un ***problème.*** ....

O LES ÉQUIVALENTS DE LA LOCUTION AU NIVEAU DE

« Le conseil municipal s'est réuni pour débattre des questions qui intéressent la commune ***au niveau des*** *personnes âgées,* ***au niveau des*** *ordures ménagères,* ***au niveau des*** *abribus.»*

Cette phrase fait un **emploi répété et inutile** de **au niveau de.** Cette **locution**, trop souvent employée aujourd'hui, peut être **remplacée** par : *dans le domaine (de), au point de vue (de), sur le plan (de), au plan (de),* **suivies d'un nom ou d'un adjectif** ; et par : *en ce qui concerne, quant à, du côté de, pour, s'agissant de ...*

• On réservera **au niveau de** pour les cas où il y a **effectivement le sens** de ***niveau, hauteur, degré*** .

— *Le professeur a su se mettre* ***au niveau des*** *élèves.*

EXERCICES

21 *Remplacez* ***au niveau de*** *par un équivalent.*

— *Vérifiez si tout fonctionne* **au niveau de** *la sécurité.*
→ ***dans le domaine***

1. ***Au niveau*** social, la réforme a eu des effets bénéfiques. ....
2. Le lycée est mal organisé ***au niveau de*** la cantine. ....
3. Molière s'est illustré ***au niveau du*** théâtre. ....
4. ***Au niveau des*** autres jours, on s'organisera différemment. ....
5. Cette période est intéressante ***au niveau*** historique. ....

22 *Écrivez oui si* ***au niveau de*** *est employé au sens de* ***niveau , hauteur, degré .*** *Dans les cas contraires, remplacez-le par un équivalent.*

— *Mon sac à dos me fait mal* **au niveau des** *reins.* → ***oui***

1. ***Au niveau des*** résultats, un vote blanc et une abstention se valent. ....

2. Le film est trés réussi ***au niveau des*** effets spéciaux. ....

3. Je crains qu'il ne soit pas ***au niveau de*** sa tâche. ....

4. Dans l'entreprise, des changements auront bientôt lieu ***au niveau de*** la direction. ....

23 *Même exercice.*

1. Le texte a changé ***au niveau de*** la présentation mais pas ***au niveau du*** contenu. ....

2. Le médecin a placé son stéthoscope ***au niveau du*** cœur. ....

3. À partir du lycée, les adolescents ont plus de libertés ***au niveau*** scolaire. Mais il n'en ont pas forcément plus ***au niveau*** familial. ....

4. L'ascenseur s'est bloqué ***au niveau du*** troisième étage. ....

1 LES RACINES : AUTO ET MONO

- La racine **auto** signifie : **soi-même, lui-même.**
  — ***Autosatisfaction*** → ***satisfaction*** *que l'on éprouve* ***envers soi-même.***
- La racine **mono** signfie : **(un) seul, unique.**
  — ***Monocoque*** → *bateau à* ***une seule coque.***

EXERCICES

24 *Remplacez les définitions suivantes par un mot commençant par* ***auto*** *ou* ***mono.***

1. Une enveloppe qui adhère toute seule sans être humectée. ....

2. Un instrument qui n'a qu'une corde. ....

3. La croyance en un Dieu unique. ....

4. Un homme marié à une seule femme..................................

5. Un homme qui s'est instruit par lui-même. ....

6. Un mot qui n'a qu'une syllabe. ....

---

25 *Remplacez les pointillés par un mot commençant par* ***auto*** *ou* ***mono.***

1. Rousseau a écrit la première véritable................................ : il y raconte sa vie sans fard.

2. Dans cette usine le directeur détient le.............................. : il a tout pouvoir de décision.

3. Van Gogh a réalisé des portraits de lui-même. Certains de ces..sont à Amsterdam.

4. Dès qu'il commence un discours tout le monde s'endort tellement sa voix est.................................

12 Les racines : chron et graph

- La racine **chron** signifie : qui est lié au **temps.**
  — ***Synchrone*** → *ce qui est produit dans le* ***même temps, qui est simultané.***

- La racine **graph** signifie : qui a un rapport à **l'écriture**, à **l'inscription**.
  — *La* ***chorégraphie*** → ***l'écriture des ballets,*** *l'art d'en régler les figures.*

Exercices

26 *Remplacez les définitions suivantes par un terme contenant la racine* ***chron.***

1. Un instrument servant à mesurer le temps. ....
2. Un ordre qui suit le déroulement du temps. ....
3. Mettre en concordance l'image et le son. ....
4. Qui n'appartient pas à l'époque dont on parle. ....

27 *Remplacez les pointillés par un mot contenant la racine* ***graph.***

1. L'écriture de ce mot est incorrecte. Ce n'est pas la bonne ....
2. La.................................. permet de conserver l'image des êtres que l'on aime et d'en garder un souvenir précis.
3. Cet élève a une belle écriture. Il forme tellement bien ses lettres qu'on dirait de la ....
4. Il faut changer les caractères d'imprimerie, utiliser une autre..

3 Les racines : poly et télé

■ La racine **poly** signifie : **plusieurs.**

— ***Polycopier*** *→ reproduire en **plusieurs exemplaires.***

■ La racine **télé** signifie : **à distance, au loin.**

— ***Téléguider*** *→ **diriger,** conduire (un engin) **à distance.***

Exercices

28 *Remplacez les définitions suivantes par un mot commençant par **poly.***

1. Qui est de plusieurs couleurs. ....
2. Qui parle plusieurs langues. ....
3. Qui croit en plusieurs dieux. ....
4. Qui a plusieurs épouses. ....
5. Qui a plusieurs côtés. ....

29 *Remplacez les pointillés par un mot commençant par **télé.***

1. Le .... permet d'observer les étoiles.
2. Ce magicien veut nous faire croire qu'il a deviné les pensées du public par simple....................
3. Bientôt, chacun pourra voir son interlocuteur en même temps qu'il l'aura au bout du fil. Ainsi .... et .... seront-ils combinés.
4. Au Brésil, il a pu photographier ce perroquet grâce au .... dont son appareil est muni.

14 Les racines : phil et phob

■ La racine **phil** signifie : **qui aime.**

— ***Philanthrope*** → *qui* ***aime ses semblables****, qui a une conduite désintéressée.*

■ La racine **phob** signifie : qui **craint** ou **qui n'aime pas.**

— ***Xénophobe*** → *qui est* ***hostile aux étrangers.***

Exercices

30 *Remplacez les définitions suivantes par un mot contenant la racine* ***phil*** *ou* ***phob.***

1. Qui aime les espagnols. ....
2. Qui ne supporte pas la foule. ....
3. Qui aime les livres rares. ....
4. Qui aime les étrangers. ....
5. Qui aime et connaît le cinéma. ....

31 *Remplacez les pointillés par des mots contenant* ***phil*** *ou* ***phob.***

1. Rousseau, Voltaire et Diderot sont des .... du dix-huitième siècle.
2. Je suis prise de panique devant une seringue. C'est une véritable ....
3. Un homme d'affaires n'a guère l'occasion d'être généreux ou .... Seuls ses intérêts comptent.
4. Les dirigeants africains invités au congrès ont répété qu'ils aimaient la France, qu'ils étaient ....
5. Pierre est un adepte de la ....depuis le jour où on lui a offert son premier timbre de collection.

5 LES PRÉFIXES : BI ET RE

BI signifie : **deux.**

— ***Bicolore*** → *qui présente* ***deux couleurs.***
Bipède → *qui marche sur* ***deux pieds.***

RE signifie : **de nouveau**

— ***Redemander*** → *demander* ***de nouveau.***

- **RE** devant une **voyelle,** peut selon les cas devenir **r** ou **ré.**

— ***Ré****crire ou* ***réé****crire,* ***r****ajuster ou* ***ré****ajuster,*
r*animer ou* ***ré****animer.*

EXERCICES

32 *Remplacez les définitions suivantes par un mot commençant par* ***bi.***

1. Un avion qui compte deux places. ....
2. Un homme qui possède deux nationalités. ....
3. Une revue qui paraît deux fois par mois. ....
4. Un homme qui parle deux langues. ....
5. Un rythme dont la base est deux. ....
6. Un homme marié à deux femmes. ....
7. Le deuxième centenaire de la Révolution française. ....

33 *Remplacez les pointillés par un mot commençant par **re**.*

1. L'autre jour, un obus est tombé sur la maison. Il a fallu .... la façade et .... entièrement le sol de la salle de bains qui a été la pièce la plus touchée. Heureusement, personne n'a été blessé mais maman s'est évanouie et il a fallu la .... À cette occasion, elle, qui avait vingt ans en 1940, a ....les horreurs de la guerre. Toutefois il faut garder espoir. Les vivres arrivent de nouveau dans la ville. Tous les magasins ont été .... Le discours de notre vieux président qui vient d'être .... pour la deuxième fois s'est voulu rassurant. Il a terminé par une promesse : la ville aura un nouveau nom. Elle sera ....

34 *Remplacez les définitions suivantes par un mot commençant par **bi** ou **re**.*

1. S'abonner une nouvelle fois. ....

2. Un avion à deux réacteurs. ....

3. Découvrir à nouveau. ....

4. Qui a deux pôles. ....

5. Inviter une nouvelle fois. ....

6. Une édition nouvelle d'un ouvrage ancien. ....

7. Qui a deux pieds. ....

6 Les préfixes : rétro et péri

Rétro signifie : **en arrière.**

— ***Rétrograder*** → *régresser, revenir **en arrière**.*

Péri signifie : **autour**

— ***Péricarde*** → *membrane **autour** du cœur.*

Exercices

35 *Remplacez les pointillés par un mot commençant par **rétro** ou **péri**.*

1. Lorsque l'on conduit, il faut regarder fréquemment dans son .... et savoir réduire la vitesse progressivement, non seulement en freinant mais aussi en ....

2. « Premier président de la Cinquième République » est une .... pour désigner Charles de Gaulle.

3. En décembre, vous percevrez sur votre fiche de paie tout ce à quoi vous avez droit depuis quatre mois. L'effet est ....

36 *Même exercice.*

1. Pour vous rendre du Nord au Sud de Paris, contournez la ville en empruntant les boulevards..

2. À l'occasion de la mort de Fellini, la cinémathèque a organisé une grande .... de ses films.

3. Trouvez le contour du cercle c'est-à-dire, à partir du diamètre, calculez le ....

17 LES PRÉFIXES : PRÉ ET POST

■ **Pré** signifie : **avant,** marquant **l'antériorité.**

— ***Précéder*** → *venir **avant.***

■ **Post** signifie : **après.**

L'élément **post** est parfois **séparé** du mot qui suit par **un trait d'union.**

— ***Post-scriptum*** → *lignes ajoutées **après** la signature dans une lettre.*

EXERCICES

37 *Remplacez les définitions suivantes par un mot commençant par **pré** ou **post**.*

1. Un traitement qui se fait après une opération. ....
2. Des conditions établies à l'avance. ....
3. Un ouvrage publié après la mort de l'auteur. ....
4. Une idée que l'on se fait avant d'avoir jugé. ....
5. Travailler pour les générations à venir. ....
6. Dire à l'avance qu'un événement va se produire. ....
7. Un sujet placé après le verbe. ....
8. La période qui succède à la phase industrielle. ....

38 *Remplacez les pointillés par un mot commençant par* ***pré*** *ou* ***post.***

1. Tant que la culpabilité n'a pas été prouvée, tout homme est .... innocent.

2. La date inscrite sur son chèque est celle de la semaine prochaine. S'il l'a ainsi ....,
c'est pour qu'on ne puisse pas l'encaisser tout de suite.

3. Sylvain est né à sept mois et demi.
C'est un ....

4. Tu confonds. Cet événement a eu lieu après.
Il est ....

5. Le meurtre n'a pas été commis de sang-froid. Il s'agit d'un cas de légitime défense.
Il n'est donc pas ....

---

39 *Remplacez les définitions suivantes par un mot commençant par* ***pré*** *ou* ***post.***

1. Un congé qui précède la naissance d'un enfant.

....

2. Une maison faite d'éléments déjà fabriqués.

....

3. Des poètes qui succèdent aux poètes romantiques.

....

4. Un film auquel on a ajouté le son après le tournage.

....

5. Une retraite anticipée.

....

18 Les homonymes : censé et sensé

Censé : se dit de ce qui est **présumé, supposé.**

Censé est toujours suivi d'un verbe à l'infinitif.

— *Elle est **censée être** en vacances mais, en fait, elle ne se repose même pas.*

Sensé : se dit de ce qui est **raisonnable.**

— *Il a parfaitement **raison.** Ce qu'il dit est très **sensé.***

Exercices

40 *Entourez le mot qui convient et rayez l'autre.*

1. Dans l'armée, un simple soldat est ***(censé/ sensé)*** obéir aux ordres de son adjudant.
2. On lui demande souvent conseil car c'est un homme ***(censé/ sensé).***
3. Nous sommes ***(censés/sensés)*** finir à dix-huit heures mais nous quittons souvent le bureau plus tard.

41 *Remplacez les pointillés par le mot qui convient.*

1. Nul n'est .... ignorer la loi.
2. Le plombier était .... venir aujourd'hui.
3. Guy est professeur de yoga. Il est .... savoir garder son calme. Néanmoins, l'autre jour, il était tellement énervé qu'il pouvait à peine tenir un discours ....
4. Une personne .... est .... ne pas commettre de folie.

9 Les homonymes : pause et pose

Une **pause**: c'est une **suspension**, une **coupure**, un **silence.**

— *À midi, les ouvriers maçons firent une* ***pause*** *puis ils se remirent au travail.*

Une **pose** signifie :

- l'action de **poser** quelque chose, de **mettre en place.**

— *La* ***pose*** *de la serrure a coûté très cher.*

- Une **attitude** prise par **un modèle.**

— *Le peintre demanda à son modèle de ne pas bouger et de garder la* ***pose.***

- Une **attitude maniérée** pour se faire **admirer.**

— *Les* ***poses*** *de Vanessa sont insupportables de prétention.*

Exercice

42 *Entourez le mot qui convient et rayez l'autre.*

1. Elle prit le temps de réfléchir et ce n'est qu'après une ***(pause/pose)*** qu'elle donna sa réponse.

2. Les vacances sont une ***(pause/pose)*** nécessaire.

3. La ***(pause/pose)*** de la moquette n'est pas comprise dans le prix.

4. Il parle trop vite. Il manque des ***(pauses/poses)*** dans son discours.

5. Après la ***(pause/ pose)*** café, les photographes demandèrent aux mannequins de reprendre la ***(pause/pose).***

6 Les habitants du village avaient manifesté contre la ***(pause/pose)*** de la voie ferrée.

20 Les homonymes : repaire et repère

■ Un **repaire** est un **endroit** qui sert de **refuge** à une bête sauvage, à des bandits.

— *Aux premiers aboiements, le renard alla se cacher dans son* ***repaire****.*

■ Un **repère** est un **signe** qui permet de **s'orienter.**

— *Le phare sert de* ***repère*** *aux bateaux.*

Exercices

43 *Remplacez les pointillés par le mot qui convient.*

1. Les cailloux du petit Poucet lui ont servi de..........................
2. L'ours, blessé, ne put regagner son ....
3. Cette célèbre actrice reste aujourd'hui cloîtrée chez elle comme une bête farouche dans son ....
4. Autrefois, la forêt de Sherwood servait de .... à Robin des Bois. Il pouvait s'y cacher sans crainte tant elle était immense et touffue. Les gardes du roi s'y égaraient facilement car ils y perdaient leurs ....

44 *Entourez le mot qui convient et rayez l'autre.*

1. Les ***(repaires/repères)*** en mathématiques sont utiles pour dessiner des courbes.
2. Nous avons trouvé la maison sans difficulté : la fontaine fut un bon ***(repaire/repère).***
3. Les armes découvertes dans cette cave prouvent qu'il s'agit d'un ***(repaire/repère)*** de terroristes.
4. Ta date de naissance me sert de ***(repaire/repère).***

1 Les homonymes : raisonner et résonner

■ **Raisonner** signifie : **réfléchir,** faire usage de sa **raison.**

— *Un scientifique est amené à **raisonner** sur les phénomènes qu'il observe.*

■ **Résonner** signifie : **produire un son, retentir.**

— *L'echo fait **résonner** les bruits.*

Exercices

45 *Remplacez les pointillés par le mot qui convient.*

1. Je me souviendrai toujours de cette musique. Elle .... encore à mes oreilles.

2. J'ai beau essayer de la ...., elle n'en fait qu'à sa tête.

3. Tous les dimanches, à huit heures, on entendait .... la cloche.

4. Il fut impossible de calmer la petite Julie. Le tonnerre qui grondait puis .... dans toute la maison, l'effrayait, et elle n'était pas en âge de pouvoir être ....

46 *Entourez le mot qui convient et rayez l'autre.*

1. Dès qu'ils entendirent ***(raisonner/résonner)*** la sonnerie, les élèves rangèrent leurs affaires précipitamment.

2. Cet insensé est bien incapable de ***(raisonner/résonner)*** .

3. Le Dalaï-Lama donnait une conférence de presse. Tandis qu'il invitait tous les chefs d'État à ***(raisonner/résonner)*** sur la paix, le silence était tel que ses paroles ***(raisonnèrent/résonnèrent)*** dans la grande salle.

22 LES HOMONYMES : FAIRE PARTIE, PRENDRE PARTI, TIRER PARTI

■ **Faire partie** signifie : **appartenir,** être **une partie de quelque chose.**

— *Depuis son adoption, l'enfant **fait partie** de la famille.*

■ **Prendre parti** signifie : **faire un choix,** se prononcer **pour ou contre.**

— *Dans le différend qui oppose les deux amis, il ne veut pas **prendre parti** de crainte d'offenser l'un ou l'autre.*

■ **Tirer parti** signifie : **profiter, exploiter.**

— *Pierre s'est cassé la jambe mais il a **tiré parti** de son immobilité pour écrire son livre.*

EXERCICES

47 *Remplacez les pointillés par les mots qui conviennent.*

1. Jérôme a été exclu. Il ne ....plus ....de l'établissement.

2. Lorsqu'on aborde ce sujet brûlant, il est difficile de ne pas ....

3. Nombre d'artistes ont .... de leur célébrité pour promouvoir des actions de solidarité.

4. Voter .... des devoirs du citoyen.

5. Lorsqu'elles se disputent, la mère et la femme de François lui demandent à chaque fois de ....

6. Ce tableau ne .... plus .... du patrimoine français puisqu'il vient d'être acheté par des japonais.

48 *Remplacez les pointillés par **faire, prendre** ou **tirer** et entourez le mot qui convient.*

1. Emmanuel était un élève moyen. Or l'an dernier il a .... ***(parti/partie)*** d'une excellente classe. Loin de se décourager, il a .... ***(parti/partie)*** de ce niveau général très élevé en travaillant deux fois plus, stimulé par les autres. À la fin de l'année, ses professeurs n'ont pas eu besoin de longues discussions pour .... ***(parti/partie)*** au sujet de son passage : ils étaient tous d'accord pour le féliciter de ses progrès.

2. L e Koweit, l'Arabie Saoudite, le Yémen et le Yémen du Sud .... ***(parti/partie)*** de l'Arabie. C'est l'Arabie Saoudite qui est l'État le plus important de la péninsule. Il a su .... ***(parti/partie)*** de ses ressources naturelles. Ce pays a nettement .... ***(parti/partie)*** au sujet de l'invasion du Koweit.

3. En période de crise, certains hommes politiques .... ***(parti/partie)*** de la situation en utilisant les médias pour faire remonter leur cote de popularité. Cette tentation touche ceux qui .... ***(parti/partie)*** de la majorité comme ceux qui .... ***(parti/partie)*** contre le gouvernement dans l'opposition .

23 Les homonymes : prêt à et près de

Prêt à signifie : **préparé à, disposé à.**

— *Tu peux me dire la vérité, je suis **prêt à** tout entendre.*

Près de signifie :

- **proche de.**

— *Le garage est **près de** la maison.*

- **Sur le point de.**

— *Quand le jour est **près de** paraître, le ciel s'éclaircit.*

Exercices

49 *Remplacez les pointillés par **prêt(e) à** ou **près de.***

1. Les négociations étaient .... aboutir quand le président fut assassiné.
2. Une mère est souvent .... tout sacrifier pour ses enfants s'il le faut.
3. À soixante-deux ans, il est .... la retraite mais il n'est pas ....s'arrêter de travailler car il est très actif et il adore son métier.

50 *Même exercice.*

1. À quatre-vingt-six ans , elle sait bien qu'elle est .... mourir; mais elle ne se sent pas .... quitter la vie: elle y est trop attachée.
2. Il est .... partir : en effet, s'il ne veut pas rater son train, il doit avoir quitté sa chambre dans cinq minutes. Mais il n'est pas .... partir : il n'a pas encore fini sa valise.

4 EMPLOYER CORRECTEMENT : ANALOGUE ET IDENTIQUE

Analogue signifie : qui est **comparable, semblable, voisin.**

— *Ces deux plantes sont **analogues** : elles ont la même forme mais pas la même couleur.*

Identique signifie : qui est **exactement semblable**.

— *Par des raisonnements différents, nous arrivons à des conclusions **identiques.***

EXERCICES

51 *Employez comme il convient **analogue** ou **identique.***

1. Qui est proche. ....
2. Qui est parfaitement semblable. ....
3. Qui présente des points communs. ....
4. Qui se confond totalement avec. ....
5. Qui est absolument pareil à. ....
6. Qui est semblable en tous points. ....

52 *Remplacez les pointillés par le mot qui convient.*

1. Sans être tout à fait d'accord, les deux candidats ont des points de vue .... concernant la sécurité intérieure.
2. Armelle veut ressembler à Florence. Au début, elle se contentait d'acheter des vêtements .... à ceux de Florence : certains détails les différenciaient. À présent, les deux amies s'habillent de façon .... On les prendrait l'une pour l'autre.

25 EMPLOYER CORRECTEMENT : MORAL ET MENTAL

Moral désigne ce qui est relatif à la **conscience individuelle**, au sens du devoir, du bien, du mal.

— *S'occuper de son vieil oncle malade est pour elle une obligation **morale.***

Mental désigne ce qui se rapporte aux **fonctions intellectuelles de l'esprit.**

— *Cet homme de quatre-vingts ans a conservé ses capacités **mentales.***

EXERCICES

53 *Remplacez les pointillés par **moral** ou **mental.***

1. La drogue peut provoquer une modification profonde de l'état ....

2. Malgré l'opération, elle perdit son enfant. Sa douleur physique ne fut rien à côté de sa douleur ....

3. La démence est une maladie ....

3. La psychiatrie s'occupe des troubles ....

54 *Même exercice.*

1. Ses capacités .... sont exceptionnelles : il peut retenir des leçons en très peu de temps.

2. Dans les romans du Moyen-Âge, les chevaliers étaient toujours doués de qualites physiques et ....

3. Depuis son accident à la tête, il souffre de troubles ....

4. Charlie commet des vols et s'attaque aux personnes âgées. Il n'a aucun sens .... Ceci est dû à sa maladie : c'est un attardé ....

6 Employer correctement : original et originel

Original signifie : qui présente un caractère **unique, inédit.**

— *Maïlice est un prénom féminin **original.***

Originel signifie : qui remonte à **l'origine, initial.**

— *Yvan a pris la nationalité américaine. Ce n'est donc pas sa nationalité **originelle**, qui est tchèque.*

Exercices

55 *Remplacez les pointillés par **original** ou **originel.***

1. Les statues grecques sont conservées dans un musée. Sur le sîte, on a installé des copies pour rendre au monument son aspect ....
2. Il y a de la poussière à cet endroit : on voit bien que c'était la place .... du lit avant que tu ne déplaces les meubles.
3. Cette voiture est une voiture de collection. Sa couleur rose saumon est vraiment .... Mais ce n'est pas la couleur .... qui était rouge vif.

---

56 *Entourez le mot qui convient et rayez l'autre.*

1. Elle parle très bien le français alors que ce n'est pas sa langue ***(originale/originelle).***
2. Les publicitaires doivent avoir des idées ***(originales/originelles).***
3. En croquant le fruit défendu, l'homme a commis le péché ***(original/originel).***
4. Mickael Jackson s'est tellement fait blanchir la peau que l'on ne voit plus sa couleur ***(originale/originelle).***

27 EMPLOYER CORRECTEMENT : PARTIAL ET PARTIEL

■ **Partial** signifie : **injuste**, qui a un **parti pris.**

— *Un juge ne doit pas être **partial.***

■ **Partiel** signifie : qui concerne seuleument **une partie.**

— *Pour l'instant, on n'a que des résultats **partiels.** Il faut attendre encore pour avoir les résultats complets.*

EXERCICES

57 *Écrivez à droite **partial** ou **partiel.***

1. Qui ne concerne qu'une partie. ....
2. Qui prend parti. ....
3. Qui n'est pas complet. ....
4. Qui n'est pas objectif. ....
5. Qui est fragmentaire. ....

---

58 *Remplacez les pointillés par **partial** ou **partiel.***

1. Ce professeur est .... : il fait du favoritisme.
2. À l'université, on passe des examens ...., c'est-à-dire qu'ils ne portent que sur une partie du programme et ne constituent qu'une partie de la note finale.
3. Une mère ne peut être que .... vis-à-vis de son enfant .
4. De cet immeuble, on n'a qu'une vue .... de la ville.
5. Après la naissance de son troisième enfant, elle a préféré travailler à temps............................

8

EMPLOYER CORRECTEMENT : SÉCURITÉ ET SÛRETÉ

■ La **sécurité** désigne le sentiment de ne courir **aucun danger.**

— *Depuis que son agresseur est sous les verrous, elle éprouve une impression de **sécurité.***

■ La **sûreté** est la qualité d'une chose **sûre, qui offre des garanties.**

— *On peut se fier à la **sûreté** de son jugement qui est infaillible.*

EXERCICES

59 *Remplacez les pointillés par **sécurité** ou **sûreté.***

1. On n'a accordé à cet écrivain étranger qu'un visa de vingt-quatre heures, les ministres ayant déclaré ne pouvoir garantir sa .... plus longtemps.

2. Les fonctionnaires bénéficient de la .... de l'emploi, ce qui les met à l'abri du licenciement.

3. Si tu n'es pas sûr, va vérifier pour plus de ....

60 *Entourez le mot qui convient et rayez l'autre.*

1. Au moment de prendre la route, il faut suivre les avertissements de la ***(sûreté/sécurité)*** routière. Et surtout éviter l'alcool qui ralentit les réflexes et nuit à la ***(sûreté/sécurité)*** des gestes. Et bien sûr, ne jamais oublier d'attacher sa ceinture de ***(sûreté/sécurité).***

2. Un garde du corps doit veiller sur la ***(sûreté/sécurité)*** de la personne qu'il protège. Pour cela, il lui faut une grande ***(sûreté/sécurité)*** de coup d'œil.

29 EMPLOYER CORRECTEMENT : EXCESSIVEMENT ET EXTRÊMEMENT

Excessivement exprime un **abus**, une **exagération**. Il signifie : **trop.**

— *Il boit **excessivement** → **trop.***

Extrêmement exprime le **très haut degré**. Il signifie : **très** .

— *Elle est **extrêmement** aimable → **très.***

• Il faut éviter d'employer **excessivement** au sens de **très**. On réservera **excessivement** à un contexte où il y a effectivement **excès** .

— *Il conduit **excessivement** vite → **avec excès.***

EXERCICE

61 *Écrivez **oui** si **excessivement** est correctement employé. Dans les autres cas, remplacez-le par **extrêmement.***

— *La Grèce est un pays **excessivement** beau.*
*→ **extrêmement***
*Il mange **excessivement** pour son âge. → **oui***

1. Elle est ***excessivement*** bonne en orthographe. ....
2. Ton plat était ***excessivement*** réussi. ....
3. Olivier se fait berner. Il est ***excessivement*** naïf. ....
4. Il va gêner les voisins ; il joue ***excessivement*** fort. ....
5. Nicolas aime bien sa maîtresse. Elle est ***excessivement*** gentille. ....
6. Ce garçon est bien élevé. Il est ***excessivement*** poli. ....

30 Employer correctement : soi-disant et prétendu

Soi-disant signifie : **se disant soi-même**. Il ne s'emploie que pour une **personne,** capable de **parler de soi**.

- **Soi-disant** est toujours **invariable**.

— *Un **soi-disant** artiste est quelqu'un qui **se dit** artiste.*

Prétendu s'emploie pour un **animal, une chose** ou **une idée.**

— *Un **prétendu** meuble Louis XV.*

Exercices

62 *Remplacez les pointillés par **soi-disant** ou **prétendu.***

1. Une .... réussite.
2. Notre .... champion.
3. Une .... bonne affaire.
4. La .... liberté d'expression.
5. Une .... vedette de premier plan.
6. Ce .... héros.

63 *Même exercice.*

1. Ta .... franchise.
2. Un .... médecin.
3. Un .... rabais.
4. Son .... talent.
5. Les .... héritiers.
6. Son .... échec.

31 Employer correctement :
- à cause de et grâce à
- risquer de et avoir des chances de

À cause de et **risquer de** s'appliquent à un **fait fâcheux**, à un **inconvénient.**

— *S'il continue à se pencher, il **risque de** tomber.*

— *J'ai eu un accident **à cause de** lui.*

Grâce à et **avoir des chances de** ne s'emploient que dans un **sens favorable.**

— *J'ai fait des progrès en expression **grâce à** ce livre d'exercices.*

— *Il **a des chances d'**obtenir le prix Goncourt.*

Exercices

64 *Remplacez les pointillés par **grâce à** ou **à cause de**.*

1. J'ai réussi .... son aide.
2. On travaille beaucoup plus vite .... ordinateurs.
3. S'il ne peut plus bouger, c'est .... la maladie et non .... la vieillesse. Il parvient à se déplacer .... un fauteuil motorisé.
4. Toute l'équipe a manqué le train .... embouteillages.
5. .... sa bonne humeur, la fête a été réussie.
6. C'est .... vous que nous avons pu assister au concert.

65 *Remplacez les pointillés par* ***risquer de*** *ou* ***avoir des chances de.***

1. Il conduit trop vite. Il .... avoir un accident.
2. Anne .... être augmentée bientôt.
3. Si tu restes dans ce courant d'air, tu .... t'enrhumer.
4. Par beau temps, on .... apercevoir le massif du Mont-Blanc.
5. Si l'on chasse trop les éléphants, l'espèce........................... .... disparaître.
6. Au festival de Cannes, on .... de rencontrer de grands acteurs.
7. En arrivant après 19 heures, vous .... trouver les bureaux fermés.

66 *Remplacez les pointillés par* ***grâce à, à cause de, risquer de, avoir des chances de.***

1. Ce film est interdit au moins de seize ans .... la violence qu'il contient.
2. Pierre .... guérir vite s'il suit bien son traitement.
3. Ils ont des problèmes d'argent .... une mauvaise gestion de leur budget.
4. Ce commerce touche une clientèle plus large..................... .... une grande variété de produit.
5. S'il ne s'implique pas davantage dans son travail, cet élève .... redoubler.
6. Si elle .... obtenir le poste, ce n'est pas .... l'intervention de quelqu'un ; c'est uniquement .... ses diplômes.

32 NE PAS CONFONDRE : COMPRÉHENSION, COMPRÉHENSIBLE, COMPRÉHENSIF

■ La **compréhension** est :

- La **faculté** de **comprendre quelque chose.**

— *Les notes en bas de page permettent une meilleure **compréhension** du texte.*

- La **qualité** qui nous permet de **comprendre quelqu'un,** ses motivations,ses actes.

— *Face aux difficultés de leur enfant, les parents ont su faire preuve de **compréhension.***

■ **Compréhensible** se dit de ce qui **peut être compris.**

— *Grâce aux notes, le texte devient **compréhensible.***

■ **Compréhensif** qualifie celui qui **sait comprendre autrui,** avec indulgence.

— *Rassuré par des parents **compréhensifs,** l'enfant à peu à peu retrouvé son équilibre.*

EXERCICES

67 *Remplacez les définitions suivantes par **compréhension, compréhensif** ou **compréhensible.** Écrivez votre réponse à droite.*

1. Une théorie intelligible, que l'on peut comprendre. ....
2. Un homme susceptible de comprendre autrui. ....
3. Une réaction concevable et donc excusable. ....
4. L'aptitude à comprendre autrui. ....
5. Un texte dont on peut saisir le sens. ....

6. Une personne qui fait preuve d'indulgence. ....

7. Un homme qui montre de la tolérance envers les idées d'autrui. ....

---

68 *Remplacez les pointillés par* ***compréhension, compréhensif*** *ou* ***compréhensible.***

1. La révolte des gens victimes d'une injustice est bien ....
2. La ponctuation aide à la .... d'un texte.
3. Il a un très fort accent. Ce qu'il dit est à peine ....
4. Sois .... avec lui : il a de gros ennuis en ce moment. Son irritation est tout à fait .... De plus, si tu ne montres pas un peu de ...., il risque de se replier encore plus sur lui-même.
5. Il faut être .... avec les personnes âgées.

---

69 *Même exercice.*

1. Le cas de cette jeune femme accusée de meurtre est ....En effet, elle était en état de légitime défense. D'ailleurs, le procureur s'est montré .... et ne l'a pas accablée.
2. Un fois traduit, le texte est devenu ....
3. Leurs rapports étaient trop inégaux : alors qu'elle était toujours pleine de .... à son égard, il ne lui pardonnait jamais rien.
Il est.. qu'elle l'ait quitté.
4. Votre dissertation n'est guère .... En effet, il n'y a pas de plan et donc pas d'ordre dans vos arguments.

33 Ne pas confondre : croyant, croyable, crédible, crédule

Croyant signifie : qui **croit,** au sens **religieux** du terme.

— *Cet homme est **croyant**. Il n'est pas athée.*

Crédule signifie : qui **croit facilement, naïf.**

— *Ceux qui font confiance au premier venu sont **crédules.***

Croyable et **crédible** signifient tous deux : que l'on **peut** ou **doit croire.**

- **Croyable** équivaut à **pensable**.

— *Ce n'est pas **croyable** d'être aussi étourdi à son âge.*

- **Crédible** signifie : **digne d'être cru.**

— *Après tous ces mensonges, il n'est plus **crédible** à mes yeux.*

Exercices

70 *Remplacez les pointillés par **croyant, croyable, crédible** ou **crédule.***

1. Les charlatans tentent d'attirer les personnes ....
2. On peut être chrétien et aimer son prochain sans pour autant être naïf et se laisser berner. On peut être .... sans être ....
3. Que ce colonel mort à la guerre soit réapparu en ville, voilà qui est à peine .... !
4. Je ne pense pas que ton excuse sera acceptée car elle n'est pas du tout .... : tu ne cesses de te contredire !

71 *Même exercice.*

1. Cet homme est musulman. Il est .... et pratiquant.
2. Comment voulez-vous être ....auprès de vos enfants si vous leur interdisez de fumer alors que vous fumez vous-même ?
3. Ce miracle est difficilement ...., comme tous les miracles.
4. Nous ne sommes pas .... au point d'adhérer à cette secte malgré toutes les promesses qu'elle fait miroiter.
   Ses théories ne tiennent pas debout, elles ne sont pas .... On n'en veut qu'à notre argent.
5. Je suis ...., de confession catholique, mais je ne suis pas .... au point d'ignorer les méfaits des guerres de religion.

34 NE PAS CONFONDRE : DÉSINTÉRÊT, ININTÉRESSANT, DÉSINTÉRESSÉ, DÉSINTÉRESSEMENT

■ Le **désintérêt** signifie : **l'indifférence.**

— *Cette vedette a montré le plus grand **désintérêt** pour les racontars malveillants de certains journalistes à son sujet.*

• Il est à rapprocher d'**inintéressant** qui signifie : **dépourvu d'intérêt.**

— *La visite guidée de la ville est **inintéressante** : on n'apprend rien.*

■ **Désintéressé** et **désintéressement** désignent une **attitude généreuse** sans souci de profit matériel.

• Est **désintéressé** celui qui **n'agit pas par intérêt** personnel.

— *Il ne songe qu'à vous venir en aide. Son attitude est **désintéressée.***

• Le **désintéressement** désigne la **générosité, l'altruisme.**

— *Les membres de Médecins Sans Frontières témoignent d'un réel **désintéressement.***

EXERCICES

72 *Remplacez les pointillés par **désintérêt, inintéressant, désintéressé** ou **désintéressement.***

1. Je n'ai rien à gagner dans cette affaire. L'offre que je vous fais est ....

2. Cet enfant est beaucoup trop gâté. Les cadeaux n'ont provoqué que du .... de sa part.

3. Ce film est .... : je ne vois pas ce qu'il apporte.

4. Dans les romans du Moyen Âge les chevaliers n'accomplissaient que des actions nobles et .... Ils ne considéraient jamais leurs intérêts mais leur honneur.

---

73 *Même exercice.*

1. Allons nous-en. Ce conférencier nous fera mourir d'ennui. Ce qu'il dit est totalement ....

2. Tous les samedis, Sylvie donne des cours gratuits à des enfants d'immigrés qui ne maîtrisent pas bien la langue. Son geste est purement ....

3. Pierre sait qu'il est atteint d'une maladie incurable. Aussi ne manifeste-t-il que du .... pour son traitement.

---

74 *Même exercice.*

1. Cet artiste s'est engagé gracieusement dans la lutte contre la faim dans le monde.
C'est une preuve de ....
Sa participation est généreuse, ...

2. Il s'occupe mal de sa fille et manifeste un total .... pour ses études.

3. C'est un conseil d'ami, un conseil ....

4. Il faut continuer la recherche. Ce premier résultat s'avère ....: il n'apporte rien de nouveau et ne mérite pas d'être retenu.

35 NE PAS CONFONDRE : ÉGALITÉ, ÉGALITAIRE, ÉGALER, ÉGALISER

L'égalité désigne **l'équivalence** ou **l'équilibre.**

— *Les équipes ont marqué un but. Elles sont à* ***égalité.***

Égalitaire signifie : qui **vise à l'égalité** en matière **politique** et **sociale.**

— *Certains hommes politiques militent pour une société plus* ***égalitaire****, où il y aurait moins de différences sociales.*

Égaler signifie : **être égal.**

— *Arthur est un virtuose. À onze ans, sa maîtrise du violon* ***égale*** *celle de certains grands concertistes.*

- Il se différencie d'**égaliser** qui signifie **rendre égal.**

— *Il* ***égalisa*** *la surface à l'aide d'un rabot.*

EXERCICES

75 *Remplacez les pointillés par* ***égaler*** *ou* ***égaliser.***

1. Cette femme est un vrai cordon bleu : elle .... les plus grands chefs.

2. Je désire à présent me laisser pousser les cheveux. Aussi vais-je demander à mon coiffeur de simplement les ....

3. Les enfants vont faire la course. François qui est plus grand partira avec deux minutes de retard afin d' .... les chances.

4. La basilique Saint-Pierre de Rome est la plus vaste de la chrétienté ; aucune autre ne peut l'......................................

76 *Remplacez les pointillés par* ***égalitaire, égalité, égaler*** *ou* ***égaliser.***

1. Liberté, ..., Fraternité est la devise de la République française.
2. Ce député a proposé que tous les partis disposent des mêmes ressources. Il est favorable à un financement ....
3. Miroir magique, dis-moi s'il existe une femme qui m'.................................. en beauté.
4. Il faut restaurer cette vieille maison. Tout d'abord on doit .... le sol, les dalles n'étant pas toutes au même niveau.

77 *Même exercice.*

1. Autrefois il existait de grandes disparités entre hommes et femmes sur le plan politique comme sur le plan social. Aujourd'hui, la société est plus .... et nombreux sont les hommes et les femmes favorables à l'.................................... des sexes.
2. Ils étaient menés deux buts à un. Heureusement, ils ont réussi à .... avant même la première mi-temps.
3. Les syndicats ont demandé qu'à travail égal, on .... les salaires.
   Ils sont pour une politique ....

36 Ne pas confondre : intègre, intégrité, intégrer, intégration, intégrisme, intégral

Intègre et **intégrité** sont tous deux liés à **l'honnêteté.**

- **Intègre** signifie : **impartial, honnête**.

— *Je lui fais confiance. C'est un homme* ***intègre.***

- **Intégrité** signifie : **honnêteté.** C'est le fait de **ne pouvoir être corrompu.**

— *Les juges doivent faire preuve d'****intégrité.***

Intégrer et **intégration** sont tous deux liés à **l'assimilation.**

- **Intégrer** signifie : **assimiler, incorporer**.

— *Il s'est toujours bien* ***intégré*** *à la communauté.*

- **L'intégration** désigne **l'assimilation**.

— ***L'intégration*** *désigne le processus par lequel un individu ou un groupe s'incorpore à une collectivité, à un milieu.*

L'intégrisme désigne l'attitude de certains croyants qui respectent la tradition de façon **intransigeante.**

— *On parle* ***d'intégrisme*** *(catholique, musulman, etc.) pour désigner les croyants qui refusent l'évolution de leur religion.*

Intégral signifie **: complet, entier.**

— *L'œuvre* ***intégrale*** *de cet auteur vient de paraître.*

Exercices

78 Remplacez les pointillés par le mot qui convient.

1. Vous n'êtes pas obligé de verser la somme .... immédiatement.

2. Le nouvel élève est à présent complétement .... à la classe.

3. Cet homme est connu pour sa parfaite .... : on ne pourra jamais acheter son silence.

4. Pour bien pratiquer le yoga, il faut savoir faire le vide .... dans sa tête.

---

79 *Même exercice.*

1. Après son séjour en prison, il a eu beaucoup de problèmes d'.................................... ; les gens le rejetaient systématiquement.

2. De nombreux secteurs d'activité sont .... à cette entreprise.

3. J'ai beaucoup aimé ce film. J'aimerais maintenant voir la version .... qui vient de sortir et qui dure plus de trois heures.

4. Voltaire a lutté contre l'.................................... : il était pour la tolérance et a combattu l'intransigeance de certains religieux très attachés au passé.

---

80 *Même exercice.*

1. C'est un homme .... On peut ni le corrompre ni l'acheter.

2. Après les élections, on procède généralement à un renouvellement .... du gouvernement.

3. De nombreux hommes d'États sont pour une politique d'.................................... des immigrés.

4. Aujourd'hui, on parle beaucoup d'.................................... religieux.

37 NE PAS CONFONDRE : JUSTESSE, JUSTICE, JUDICIAIRE, JURIDIQUE, JUDICIEUX

La **justesse** désigne **l'exactitude.**

— *Il nous a tous convaincu par la **justesse** de son raisonnement.*

La **justice** est le **respect des droits.**

— *Le but de tout gouvernement devrait être de faire régner la **justice**.*

Judiciaire signifie : **relatif à la justice.**

— *Un acte **judiciaire** est un acte qui se fait par autorité de justice.*

• Il est à rapprocher de **juridique** qui signifie **lié au droit.**

— *Cet avocat a fait des études **juridiques**.*

Judicieux, quant à lui, signifie qui **fait preuve de jugement,** qui est **sage, intelligent.**

— *C'est un esprit **judicieux.** Il donne de bons conseils.*

EXERCICES

81 *Remplacez les pointillés par le mot qui convient.*

1. L'inspecteur Maigret appartient à la police ....
2. On ne peut contester la .... et la précision de ce chronomètre.
3. Je donne toujours à Valérie mes dossiers à corriger, car ses critiques sont ....
4. Le procureur demeura évasif : il y avait un vide ...., aucune législation n'existant sur cette question.
5. Vous avez intérêt à régler la somme demandée sinon il pourra y avoir des poursuites ....

82 *Même exercice.*

1. Vous avez parfaitement raison. Votre remarque est ....
2. Vous pouvez partir ; vous êtes libre. Vous avez été victime d'une erreur ....
3. Pour ne pas rater sa cible, il faut viser avec ....
4. Les élèves des sections ES et L se destinent souvent aux études ....

83 *Même exercice.*

1. Le truand avait un casier .... chargé à cause de ses nombreux délits.
2. Le professeur apprécia la .... des réponses de cet élève. Cet enseignant était impartial et les élèves louaient tous son esprit de ....
3. Il a été assigné à comparaître devant le procureur au Palais de .... À partir de maintenant, il va être placé sous contrôle .... Il sera surveillé et arrêté à la moindre infraction. Ce n'est que ....

38 NE PAS CONFONDRE : LIBERTÉ, LIBÉRATION, LIBÉRALISME, LIBERTAIRE, LIBERTIN

- La **liberté** est **l'absence de contraintes.**

  — *Florence a profité de deux heures de **liberté** pour lire et se reposer.*

- La **libération** désigne la **liberté rendue**. C'est l'action de **rendre libre** une personne ou un peuple.

  — *Le prisonnier a toujours eu une conduite exemplaire. Sa **libération** ne devait pas tarder.*

- Le **libéralisme** désigne la **liberté en matière économique.** C'est une doctrine économique qui s'oppose à l'intervention de l'État.

  — *Le **libéralisme** est favorable à la libre concurrence.*

  • Le **libéralisme** désigne aussi le fait **d'être tolérant, ouvert.**

  — *Le **libéralisme** de ce directeur est indéniable : il est très indulgent sur bien des points.*

- **Libertaire** signifie : qui n'admet **aucune limitation de la liberté individuelle**. Il est presque synonyme **d'anarchiste.**

  — *Les mouvements **libertaires** du début du siècle.*

- Un **libertin** est un **libre penseur** et un **séducteur,** un homme de plaisir aux **mœurs très libres.**

  — *Don Juan était un **libertin.***

EXERCICES

84 *Remplacez les pointillés par le mot qui convient.*

1. Maintenant qu'il n'est plus recherché par la police, il peut circuler en toute ....

2. Ce livre n'est pas pour les enfants. C'est un ouvrage ....

3. Aujourd'hui la théorie économique qui domine est celle du ....: les partisans du libre-échange sont nombreux.

4. Je ne vous laisserai pas épouser ma fille. Vous n'êtes qu'un .... qui ne pense qu'à séduire les femmes et à profiter d'elles.

---

85 *Même exercice.*

1. En 1945, à la ...., on a rendu hommage aux Résistants qui avaient lutté au nom de la ....

2. Cet anarchiste adhère à des doctrines .... Il conteste toute autorité pouvant limiter sa .... mais il ne craint pas de s'exprimer puisque dans notre démocratie la .... d'expression est un droit.

3. Dès les années 1960, Catherine a été à la tête du mouvement de...................................... de la femme.

---

86 *Même exercice.*

1. Le peuple noir a longemps combattu pour sa .... Le jour où l'on a donné la .... aux esclaves fut une grande victoire pour lui.

2. La .... de la presse est un droit auquel sont particulièrement attachés les rédacteurs de ce journal .... qui place la liberté individuelle au-dessus de tout.

39 NE PAS CONFONDRE : LÉGAL, LÉGISLATIF, LÉGITIME, LOYAL

Légal et **Législatif** sont tous deux relatifs à **la loi.**

- **Légal** signifie : qui est **conforme à la loi.**

— *Récemment, l'usage de certaines drogues a été rendu **légal**.*

- **Législatif** signifie : qui **fait les lois.**

— *Le pouvoir **législatif** se distingue du pouvoir exécutif.*

Légitime signifie : **juste, fondé.**

— *Ces peuples ont été opprimés pendant des années. Leurs revendications sont **légitimes**.*

Loyal signifie **: fidèle, honnête.**

— *Elle a toute notre confiance car c'est une personne **loyale**.*

EXERCICES

87 *Remplacez les mots soulignés par le terme qui convient.*

1. Un ami dévoué. ....
2. Une excuse fondée. ....
3. Les dispositions juridiques. ....
4. Un homme droit. ....
5. Un procédé réglementaire. ....
6. Qui n'est pas perfide. ....
7. Une assemblée qui légifère. ....
8. Un commerce qui n'est pas clandestin. ....

88 *Remplacez les pointillés par le mot qui convient.*

1. Il ne me trahira jamais. C'est un ami ....
2. Je préfère ne pas être en infraction et passer par les voies ....
3. On l'a récompensé pour ses bons et .... services. Il l'a bien mérité. Sa fierté est tout à fait ....
4. À partir de dix-huit ans, âge .... pour voter, on peut élire, par exemple, les députés lors des élections..

89 *Même exercice.*

1. C'est un cas de .... défense mais vous devez tout de même faire votre déposition. C'est la procédure..
2. Lors d'un match de football, l'arbitre s'est montré injuste envers l'une des deux équipes. Une .... colère s'est alors emparée des supporters. Néanmoins, ils n'auraient pas dû lancer des projectiles sur le terrain car ceci n'est pas .... Pour ce geste, ils ont été interdits de stade pendant un an.

40 NE PAS CONFONDRE : NATIONAL, NATIONALISME, NATIONALISATION, NATIONALITÉ

- **National** signifie relatif à la **nation.**
  — *Le quatorze juillet est le jour de la Fête* ***Nationale*** *en France.*

- Le **nationalisme** désigne **l'attachement passionné à la nation,** la volonté de faire passer sa propre nation avant tout .
  — *À la fin du XIX siècle, dans toute l'Europe, le* ***nationalisme*** *s'est développé.*

- La **nationalisation** désigne l'action de **transférer** à la **collectivité des moyens de production** qui appartenaient à des **entreprises privées.**
  — *La* ***nationalisation*** *de la Banque de France a eu lieu en 1945.*

- La **nationalité** est l'appartenance **juridique d'une personne à un État.**
  — *Les gens qui n'ont pas de patrie sont appelés « apatrides » et se trouvent sans* ***nationalité*** *légale.*

EXERCICES

90 *Remplacez les pointillés par le mot qui convient.*

1. Victor Hugo, grand poète, a eu droit à des obsèques
....

2. Certains dictateurs ont glorifié leur nation et se sont ainsi servi du .... de leur peuple pour arriver au pouvoir.

3. Boris s'est fait naturaliser américain.
La .... américaine n'est donc pas sa .... d'origine.

91 *Remplacez les pointillés par le mot qui convient.*

1. La .... d'une entreprise n'est pas forcément définitive. L'entreprise peut être ensuite privatisée et redevenir ainsi le bien des particuliers.
2. Frank joue maintenant au plus haut niveau : il fait partie de l'équipe .... de football.
3. Après l'effondrement du bloc communiste, on a vu ressurgir les .... dans les pays de l'Est.
4. Malik est à la fois algérien et français : il a la double ....

92 *Même exercice.*

1. Le candidat a assisté hier au congrès .... de son parti. Il a prononcé le discours de clôture. Il a commencé par parler des .... prévues pour certaines entreprises puis a annoncé qu'il ne reverrait pas le Code de la .... rassurant ainsi de nombreux immigrés. Il a poursuivi par les orientations de sa politique future tant au niveau .... qu'au niveau international. Enfin, il a réaffirmé son patriotisme, en rejetant cependant tout .... excessif. Le discours fut suivi de l'hymne ....

41 NE PAS CONFONDRE : PERSONNE, PERSONNEL, PERSONNALISER, PERSONNALITÉ, PERSONNIFIER

- Une **personne** est un **être humain,** un **individu.**
  — *Six **personnes** vivent sur cette exploitation agricole.*

- **Personnel** signifie **intime, individuel.**
  Ce qui concerne une personne est **personnel.**
  — *Cette affaire est strictement **personnelle.***

- **Personnaliser,** c'est donner **un caractère personnel, original** à une chose.
  — *Elle a su **personnaliser** son bureau en mettant des photos et des posters au mur.*

- La **personnalité** est ce qui **différencie une personne d'une autre.**
  — *Créer me permet de développer ma **personnalité.***

- **Personnifier** signifie : prêter à une **chose** ou à un **animal** les sentiments, le langage d'un **être humain.**
  — *Au Moyen Âge l'épée de certains chevaliers était **personnifiée**, car on lui prêtait des sentiments tels que le courage et la fidélité.*

EXERCICES

93 *Remplacez les pointillés par le mot qui convient.*

1. Cet égoïste ne considère jamais l'intérêt général. Il ne voit que son intérêt ....

2. À travers ses écrits transparaît la .... de cet auteur : on devine aisément son caractère à la simple lecture de ses romans.

3. Combien avez-vous de .... à charge ?

4. Dans ses fables, La Fontaine a .... les animaux.

5. Ils ont .... leur voiture avec des autocollants et des objets fantaisistes.

---

94 *Même exercice.*

1. Cette attaque n'était pas dirigée contre vous, n'y voyez rien de ....

2. Un groupe d'une dizaine de .... attend dans le hall.

3. La louve qui a recueilli Remus et Romulus a été .... puisqu'on lui attribue des sentiments maternels.

4. Je n'ai pas envie d'en parler. C'est ....

---

95 *Même exercice.*

1. Cette femme surprenante a une forte ....

2. Pour .... sa chambre d'hôtel, il lui a suffi de disposer quelques bibelots ça et là.

3. Jacques manque de .... : il est très influençable et incapable de se faire une opinion ....

4. Dans les dessins animés, les objets sont .... Par exemple les tasses et les soucoupes peuvent chanter et danser.

42 Ne pas confondre : simulation, simulacre, dissimulation, stimulation, émulation

■ La **simulation** désigne l'action de **faire semblant.** C'est une **imitation.**

— *En réalité il n'est pas malade ; c'est de la* ***simulation.***

■ Un **simulacre** désigne une **représentation,** une **illusion.** C'est un acte fait d'apparences mais qui se donne pour vrai.

— *Le duel joué par ces deux acteurs n'est qu'un* ***simulacre.***

■ La **dissimulation** désigne l'action, de **cacher,** de **masquer.**

— *Pour être un bon espion, il faut savoir faire preuve de* ***dissimulation.***

■ La **stimulation** est une **excitation** ou un **encouragement**. C'est ce qui nous pousse à agir.

— *Certains pensent que les cadeaux sont une bonne* ***stimulation*** *pour les enfants qui ne travaillent pas en classe.*

■ L'**émulation** désigne **l'envie d'égaler** ou de **surpasser** quelqu'un. C'est la concurrence.

— *L'****émulation*** *compte beaucoup dans une compétition sportive.*

Exercices

96 *Remplacez les pointillés par le mot qui convient.*

1. Les .... de lancement de la nouvelle navette spatiale ont été convaincantes.

2. Le prix Goncourt est une .... pour cet auteur qui désespérait d'avoir du succès et voulait s'arrêter d'écrire.

3. Ce n'est pas la franchise qui la caractérise. Tout, chez elle n'est que ....

4. L'.................................... n'est possible dans une classe que s'il y a de bons élèves susceptibles d'être égalés.

5. Cet enfant pleure vraiment. Il ne fait pas semblant. On ne peut parler de ....

6. Les raids et les safaris font croire au danger mais en vérité ils sont soigneusement programmés et très encadrés. Ce sont des .... d'aventures.

---

97 *Même exercice.*

1. Sa .... de troubles mentaux lui a permis de se faire réformer.

2. Je n'aurais jamais cru Claire capable de .... et pourtant je viens d'avoir la preuve qu'elle est sournoise.

3. Les haines entre ces deux peuples sont encore vivaces. Souhaitons que le traité de paix qu'ils viennent de signer ne soit pas un ....

4. La .... de son cœur se fait de façon artificielle grâce à une prothèse électronique.

5. Au lycée a eu lieu une .... d'incendie : l'alarme a retenti tout à coup et les élèves ont évacué rapidement les locaux.

43 NE PAS CONFONDRE : VULGAIRE, VULGARITÉ, VULGARISER, VULGARISATON

- **Vulgaire** signifie **banal, commun** mais aussi **grossier, choquant.**

  — *Cet homme manque d'éducation; il est **vulgaire.***

- La **vulgarité** désigne précisément le **caractère vulgaire**. C'est **l'abscence de distinction.**

  — *Ces gens ont beau être bien habillés, la **vulgarité** de leurs propos n'échappe à personne.*

- **Vulgariser** signifie : mettre les connaissances **à la portée du grand public.**

  — *On peut **vulgariser** cette théorie sans la déformer.*

- La **vulgarisation** désigne le fait de **répandre** des idées ou des connaissances **auprès du plus grand nombre.**

  — *Comme de nombreux magazines reproduisent des tableaux, on assiste aujourd'hui à une **vulgarisation** de l'art.*

EXERCICES

98 *Remplacez les définitions suivantes par le mot qui convient.*

1. Rendre accessible au grand public. ....
2. Une conduite qui manque de raffinement. ....
3. La propagation des connaissances. ....
4. Une expression répandue par les médias. ....
5. L'absence de délicatesse. ....
6. Faire connaître des idées au plus grand nombre. ....

99 *Remplacez les pointillés par le mot qui convient.*

1. Après avoir été breveté, ce procédé sera .... afin que tout le monde puisse en avoir connaissance.

2. Un mot aussi .... sonne mal dans la bouche de cette vieille dame à l'air si distingué.

3. La .... des connaissances scientifiques a été permise par l'invention de l'imprimerie.

4. J'ai été choqué par la .... de ses manières.

100 *Même exercice.*

1. La .... de l'informatique s'est faite rapidement. Au début, seule une élite y avait accès. Aujoud'hui, beaucoup savent se servir d'un ordinateur.

2. Le présentateur utilise un langage tellement .... que de nombreux téléspectateurs se sont plaints.

3. Une bonne émission culturelle doit savoir .... des connaissances, sans pour autant tomber dans la .... pour divertir à tout prix.

4. Ce manuel semble trop simplifié au spécialiste que vous êtes. C'est un ouvrage de ....

Corrigés des exercices

1. fabrique – préparé – étabissent (ou votent) produit – commis
2. parcouru – visité – mesure – compose donne (ou produit) – construit (ou bâti)
3. causé – dresser (ou établir) – exerce – effectue prononça
4. rappelle – montré – prévenez-les – prolonge suggère – inquietée
5. cuisiner – étudient – grimacer – effraient – voyager s'efforcer
6. se promener – l'a complimenté – projeté – travailler progresser
7. enfiler – employer – installer – inscrire
8. rangé – assembler – accuse – organiser
9. bredouiller – marmonner – discourir – bavarder soliloquer – vociférer
10. balbutier – converser – pérorer – baragouiner plaider – radoter
11. possédons – jouit d' – éprouve – vise – comportera
12. obtient – reçois – rencontrent – joue – entrainer
13. indiquer – avouer – affirmé – objecter (ou répond) raconter (ou confie)
14. expliquer – prononcé – donnez – protester
15. comporte – scintillent(ou brillent) – jonchent
16. se dresse – règne – se cache
17. œuvre – ingrédients – ennui(ou tourment)– faits
18. outils – paroles – décision
19. thème – affaire – complications – cas
20. défaut – nuisances – ennuis(ou soucis) empêchement
21. sur le plan – en ce qui concerne – dans le domaine quant aux – au plan(ou sur le plan)
22. au point de vue – sur le plan – oui – oui

23 quant à – en ce qui concerne – oui – dans le domaine sur le plan – oui

24. autocollante – monocorde – monothéisme monogame – autodidacte – monosyllabe

25. autobiographie – monopole – autoportraits monotone

26. chronomètre – chronologique – synchroniser anachronique

27. orthographe – photographie – calligraphie typographie

28. polychrome – polyglotte – polythéiste – polygame polygonal

29. téléscope – télépathie – téléphone – télévison téléobjectif

30. hispanophile – agoraphobe – bibliophile – xénophile cinéphile

31. philosophes – phobie – philanthrope – francophiles philatélie

32. biplace – binational – bimensuelle – bilingue – binaire bigame – bicentenaire

33. reconstruire – recarreler – ranimer (ou réanimer) revécu – réapprovisionnés – réélu – rebaptisée

34. se réabonner – biréacteur – redécouvrir – bipolaire – réinviter – réédition – bipède

35. rétroviseur – rétrogradant – périphrase – rétroactif

36. périphériques – rétrospective – périmètre

37. postopératoire – préétablies – posthume – préjugé postérité – prédire – postposé – postindustrielle

38. présumé – postdaté – prématuré – postérieur – prémédité

39. prénatal – préfabriquée – postromantiques – postsynchrone – préretraite

40. censé – sensé – censés

41. censé – censé – censé – sensé – sensée – censée

42. pause – pause – pose – pauses – pause – pose – pose

43. repères – repaire – repaire – repaire – repères

44. repères – repère – repaire – repère

45. résonne – raisonner – résonner – résonnait
raisonnée

46. résonner – raisonner – raisonner – résonnèrent

47. fait plus partie – prendre parti – tiré parti – fait partie
prendre parti – fait plus partie

48. fait partie – tiré parti – prendre parti – font partie
tirer parti – pris parti – tirent parti – font partie
prennent parti

49. près d' – prête à – près de – prêt à

50. près de – prête à – près de – prêt à

51. analogue – identique – analogue – identique
identique – identique

52. analogues – analogues – identique

53. mental – morale – mentale – mentaux

54. mentales – morales – mentaux – moral – mental

55. originel – originelle – originale – originelle

56. originelle – originales – originel – originelle

57. partiel – partial – partiel – partial – partiel

58. partial – partiels – partiale – partielle – partiel

59. sécurité – sécurité – sûreté

60. sécurité – sûreté – sécurité – sécurité – sûreté

61. extrêment – extrêment – oui – oui – extrêmement
extrêmement

62. prétendue – soi-disant – prétendue – prétendue
soi-disant – soi-disant

63. prétendue – soi-disant – prétendu – prétendu
soi-disant – prétendu

64. grâce à – grâce aux – à cause de – à cause de –
grâce à – à cause des – grâce à – grâce à

65. risque d' – a des chances d' – risques de
a des chances d' – risque de – a des chances de
risquez de

66. à cause de – a des chances de –à cause d' – grâce à
risque de – a des chances d' – grâce à – grâce à

67. compréhensible – compréhensif – compréhensible compréhension – compréhensible – compréhensive compréhensif

68. compréhensible – compréhension – compréhensible compréhensif – compréhensible – compréhension compréhensif

69. compréhensible – compréhensif – compréhensible compréhension – compréhensible – compréhensible

70. crédules – croyant – crédule – croyable – crédible

71. croyant – crédible – croyable – crédules – crédibles croyant – crédule

72. désintéressée – désintérêt – inintéressant désintéressées

73. inintéressant – désintéressé – désintérêt

74. désintéressement – désintéressée – désintérêt désintéressé – inintéressant

75. égale – égaliser – égaliser – égaler

76. Égalité – égalitaire – égale – égaliser

77. égalitaire – égalité – égaliser – égalise – égalitaire

78. intégrale – intégré – intégrité – intégral

79. intégration – intégrés – intégrale – intégrisme

80. intègre – intégral – intégration – intégrisme

81. judiciaire – justesse – judicieuses – juridique judiciaires

82. judicieuse – judiciaire – justesse – juridiques

83. judiciaire – justesse – justice – justice – judiciaire justice

84. Liberté – libertin – libéralisme – libertin

85. Libération – liberté – libertaires – liberté – liberté libération

86. liberation – liberté – liberté – libertaire

87. loyal – légitime – légales – loyal – légal – loyal législative – légal

88. loyal – légales – loyaux – légitime – légal législatives

89. légitime – légale – légitime – légal

90. nationales – nationalisme – nationalité – nationalité

91. nationalisation – nationale – nationalismes nationalité

92. national – nationalisations – nationalité – national nationalisme – national

93. personnel – personnalité – personnes – personnifié personnalisé

94. personnel – personnes – personnifiée – personnel

95. personnalité – personnaliser – personnalité personnelle – personnifiés

96. simulations – stimulation – dissimulation – émulation simulation – simulacres

97. simulation – dissimulation – simulacre – stimulation simulation

98. vulgariser – vulgaire – vulgarisation – vulgarisée vulgarité – vulgariser

99. vulgarisé – vulgaire – vulgarisation – vulgarité

100. vulgarisation – vulgaire – vulgariser – vulgarité vulgarisaton

INDEX

Les chiffres renvoient aux numéros des leçons.

A

à cause de ... 31
analogue ... 24
au niveau de (les équivalents de la locution) ... 10
auto (la racine) ... 11
avoir (les équivalents du verbe) ... 5
avoir des chances de ... 31

B

bi (le préfixe) ... 15

C

censé ... 18
chose (les équivalents du mot) ... 8
chron (la racine) ... 12
compréhensible ... 32
compréhensif ... 32
compréhension ... 32
crédible ... 33
crédule ... 33
croyable ... 33
croyant ... 33

D

désintéressé ... 34
désintéressement ... 34
désintérêt ... 34
dire (les équivalents du verbe) ... 6
dissimulation ... 42

E

égaler ... 35
égaliser ... 35
égalitaire ... 35
égalité ... 35
émulation ... 42
excessivement ... 29
extrêmement ... 29

F

faire (les équivalents du verbe) ... 1,2
faire (suivi d'un infinitif ou d'un cod) ... 2
faire partie (les homonymes) ... 22

G grâce à 31
graph (la racine) 12

I identique 24
il y a (les équivalents de l'expression) 7
inintéressant 34
intégral 36
intégration 36
intègre 36
intégrer 36
intégrisme 36
intégrité 36

J judiciaire 37
judicieux 37
juridique 37
justesse 37
justice 37

L légal 39
legislatif 39
légitime 39
libéralisme 38
libération 38
libertaire 38
liberté 38
libertin 38
loyal 39

M mental 25
mettre (les équivalents du verbe) 3
mono (la racine) 11
moral 25

N national 40
nationalisation 40

nationalisme .40
nationalité .40

P

original .26
originel .26

P

parler (les équivalents du verbe) .4
partial .27
partiel .27
pause (les homonymes) .19
péri (le préfixe) .16
personnaliser .41
personnalité .41
personne .41
personnel .41
personnifier .41
phil (la racine) .14
phob (la racine) .14
pose (les homonymes) .19
post (le préfixe) .17
pré (le préfixe) .17
prendre parti (les homonymes) .22
près de (les homonymes) .23
prêt à (les homonymes) .23
prétendu .30
problème (les équivalents du mot) .9

R

raisonner (les homonymes) .21
re (le préfixe) .15
repaire (les homonymes) .20
repère (les homonymes) .20
résonner (les homonymes) .21
rétro (le préfixe) .16
risquer de .31

S

sécurité .28
sensé .18

simulacre .42
simulation .42
soi-disant .30
stimulation .42
sûreté .28

T

télé (la racine) .13
tirer parti (les homonymes) .22

V

vulgaire .43
vulgarisation .43
vulgariser .43
vulgarité .43

Coordination éditoriale : Alain-Michel Martin

Maquette : Alain Berthet

Achevé d'imprimer par la Nouvelle Imprimerie Laballery (58500 Clamecy) - France
Dépôt légal : 71093-3/12 - juillet 2018 - 806262